CRISE MONÉTAIRE

DE LA SITUATION RESPECTIVE DES GRANDS ÉTATS COMMERÇANTS.
DE LA CRISE ET DE SES CAUSES.
DU ROLE IMPORTANT DE LA MONNAIE.
DE LA BOURSE ET DU CRÉDIT MOBILIER. — DE LA BANQUE DE FRANCE.
DE LA PRODUCTION ET DU MOUVEMENT DES MÉTAUX PRÉCIEUX.
DE LA LÈPRE DU LUCRE.

Par L. MURET DE BORT,

Ancien Député de l'Indre.

PARIS

IMPRIMERIE CENTRALE DE NAPOLÉON CHAIX ET Cᵉ,

RUE BERGÈRE, 20.

JANVIER 1856.

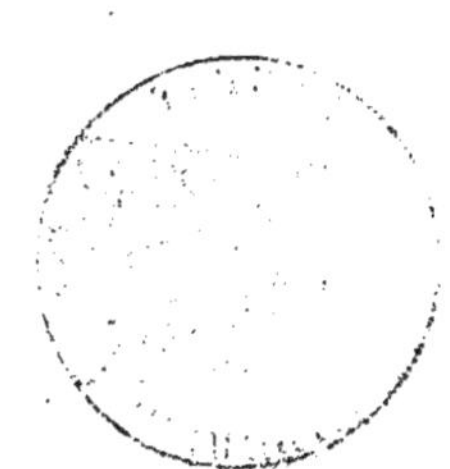

Quand, le douze janvier, nous rassemblions ces feuilles pour les porter à l'imprimerie, nous étions bien loin de prévoir l'heureuse nouvelle tombée quelques jours après au milieu des préoccupations générales; si bien faite, quoique simple préliminaire, pour y mettre un terme; répondant à trop de désirs, à trop de besoins pour rester à l'état d'espérances.

Devions-nous persister à publier ce petit travail sous des circonstances si différentes de celles qui l'avaient inspiré? Il n'avait plus cet à-propos qui donne de l'intérêt aux moindres écrits, aux sujets les plus arides, quand ils se rattachent à une grande impression publique dans laquelle toutes les autres sont venues s'absorber. En toutes choses il faut choisir le moment. Par une froide soirée d'hiver, autour d'un foyer de campagne, le vent et la neige au dehors, entouré d'un groupe d'amis, contez-leur une de ces sombres et mystérieuses histoires qui défraient si bien les longueurs de la veillée, tous les yeux vous suivent, tous les souffles sont suspendus, vous maîtrisez tout ce qui vous écoute. Essayez le même récit avec les mêmes auditeurs par une belle matinée de printemps, en face d'un paysage animé, vous ne retrouverez plus les mêmes émotions; les yeux et l'imagination sont ailleurs, à d'autres impressions. Conteurs et écrivains, tous ont besoin de venir à propos.

Voilà plus qu'un temps d'arrêt dans la crise; nous la tenons pour bien avancée. Sans accroissement d'encaisses, sans nouveaux moyens d'approvisionnements, marchés à l'argent, marchés au grain, tous se relâcheront de leurs rigueurs ; l'imagination du public une fois rassurée, la matérialité des faits perd beaucoup de son importance ; vienne ensuite la signature de la paix, et trois mois après personne ne songera à tout ce qui l'a précédée. Dans les années heureuses qui succèdent à une disette de subsistances, s'est-on jamais sérieusement préoccupé de rechercher un mécanisme praticable qui pût établir une compensation entre la pénurie et l'abondance ? Le fléau du choléra disparu, déployons-nous dans nos villes la même sollicitude contre les foyers d'insalubrité ? Non ; les mauvais jours passés, l'attention n'est plus là ; on est tout à l'épanouissement ! Pourtant c'était le moment de prévoir, de préparer ; de récapituler les avertissements reçus.

Qui pourrait dire, par exemple, qu'ils ne seront pas entièrement perdus, en ce qui touche la sécurité monétaire, la sécurité du crédit ? Ne devons-nous pas craindre que les faiseurs d'affaires, impatients de les produire à un moment imposé, ne nous jetteront bientôt sur le marché, en fait d'extravagances, toutes celles qu'ils ont amassées en portefeuille, et en fait d'entreprises raisonnables, plus que le marché ne saurait en porter ; qu'en pleine paix, avec tous les éléments de la prospérité, nous ne recommencions de nouveau les embarras qui vont finir ?

De bien des côtés voilà ce que nous entendons, voilà ce qui nous préoccupe, et voilà pourquoi nous publions ce petit écrit ; convaincu d'ailleurs que nous sommes que ces paroxysmes industriels et les pratiques dont ils sont l'occasion, enlèvent plus à la dignité d'une nation qu'ils n'ajoutent à sa richesse.

25 Janvier 1856.

EXPOSÉ.

Nous passons par de singulières alternatives : il n'y a pas
encore trois ans qu'en France on se flattait d'amener à 3 0/0
le taux normal de l'intérêt, au profit de l'industrie, au profit
de l'agriculture : c'était la prétention de quelques grands établissements financiers de récente fondation. La Banque, leur
aînée, et conséquemment tenue à plus de maturité, se laissait
aller aux mêmes illusions ; abandonnant les règles de son
passé, anticipant sur ces espérances, elle ouvrait à 3 0/0, aux
actionnaires des chemins de fer, l'hospitalité de son portefeuille ; ils accouraient en foule, heureux de confier à cette providence nouvelle, et à si petite pension, la nombreuse famille
de leurs titres, nourrissons que certains eussent été incapables,
sans cela, de mener à bien, et qu'on devait leur rendre plus
tard tout élevés et tout joufflus de primes.

Au reste le charme était général : la Banque d'Angleterre
escomptait à 2 0/0, et le Chancelier de l'échiquier, libre de
rembourser prochainement les *New south Annuities*, en prenait
occasion, en leur offrant, entre autres combinaisons, une con-
version en 2 1 2, de sonder l'opinion publique sur le grand
remaniement des 3 0/0 consolidés. La tentative échoua, mais
nous devions la rappeler comme témoignage des espérances
qui dominaient alors.

L'or et l'argent affluaient d'Australie et de Californie ; la
Banque d'Angleterre, dans l'espace de quinze mois (1er octobre

1851 au 31 décembre 1852), venait d'en acheter pour près de 500 millions de francs ; son encaisse, dans le dernier trimestre de 1852, dépassait 530 millions, et celui de la Banque de France 580.

Aggravation.

Aujourd'hui en Angleterre, moins de 300 ; en France, un peu plus de 200. Là l'intérêt, comme minimum et avec rehaussement quand les valeurs ne sont pas de premier ordre, à 6 0/0 pour le papier à 60 jours, à 7 0/0 pour le papier à 95 jours ; chez nous, à 6 0/0 à 75 jours, pour tout papier jugé acceptable.

Voilà la situation.

Et cependant Australie et Californie n'ont pas cessé d'être prodigues de leurs trésors ; des deux côtés du détroit, le commerce a été actif tant à l'intérieur qu'à l'extérieur, actif sans ardeurs désordonnées ; nous n'entendons parler ici que de ce commerce qui fait l'honneur et la prospérité des nations, et qui, en ce moment, par sa bonne tenue, témoigne de sa bonne constitution.

Et cependant nos armes ont été triomphantes et notre influence prépondérante.

Nous voudrions essayer de rechercher les causes de ces rigueurs du crédit ; jusque-ici, elles nous semblent n'avoir été qu'imparfaitement et timidement signalées ; en France du moins, où l'on a cru n'avoir rien de mieux à faire que de récriminer contre les établissements qui le dispensent.

Responsables qu'ils sont de la circulation monétaire de leur pays, ont-ils agi, dans les circonstances particulières où nous sommes, avec une parfaite intelligence de leur devoir et de leur droit ?

Le tableau suivant, qui, peu après, trouvera son commentaire, serait au besoin la meilleure de leurs justifications.

	BANQUE DE FRANCE.					BANQUE D'ANGLETERRE.				
	ENCAISSE.	PORTEFEUILLE.	PRÊTS.	CIRCULATION.	TAUX DE L'ESCOMPTE.	ENCAISSE.	PORTEFEUILLE.	CIRCULATION.	TAUX DE L'ESCOMPTE.	FONDS PUBLICS. 3 0/0
1852. Septemb.	609	188	67	615	3 0/0	21.8	24.7	24.2	2 0/0	100 / 77
Décembre.									2 1/2 0/0	
1853. Janvier..	477	316	146	686		19.4	27.4	24.9	3 0/0	101 / 82 50
									3 0/0	
Juin.										
Septembre.	452	294	130	650	4 0/0	15.8	28.7	23.8	4 0/0	97 5/8 / 77 60
Octobre.									4 1/2 0/0	
1854. Janvier..	294	401	127	643	5 0/0	15.8	31.	22.5	5 0/0	93 3/4 / 72 20
									5 1/2 0/0	
Mai.										
Septembre.	498	241	78	606	4 0/0	13.3	25.1	20.6	5 1/2 0/0	94 7/8 / 73 30
Octobre.										
1855. Janvier..	362	355	103	650		13.6	26.5	20.6	5 0/0	90 7/8 / 65 50
Avril.									4 1/2 0/0	
Mai.									4 0/0	
Juin.									3 1/2 0/0	
Septembre.	288	431	168	658		14.2	29.1	21.1	4.4 1/2 0/0	87 3/8 / 65 50
Octobre.					5 0/0} / 6 0/0} 75 jr.				5 1/2.6.7	
1856. Janvier..	225	446	92	607		10.5	30.6	19.7	6 . 7 . 0/0	86 1/4 / 62 20

Nota. Les chiffres sont en millions de francs. La colonne des prêts indique la garantie sur dépôts de titres.

Nota. Les chiffres anglais sont en millions sterling. Le 3 0/0 français figure dans la colonne *fonds publics* au-dessous des 3 0/0 consolidés.

L'œil peut embrasser, dans ce tableau, la marche presque toujours parallèle qu'ont suivie en France et en Angleterre — le 2ᵉ semestre de 1854 excepté — l'encaisse, le porte-feuille, la circulation, le taux d'escompte. Nous avons dû nous borner à deux citations dans chaque année, et choisir les mois de janvier et septembre : janvier, comme résumant les trans-actions de décembre, mois d'ordinaire le plus chargé ; sep-tembre, comme réfléchissant le premier, les influences de la nouvelle récolte. Depuis bientôt dix ans, le thermomètre fi-nancier a reçu malheureusement bien des impressions de ce côté-là. Enfin le cours des fonds publics, naturellement en harmonie avec les autres éléments du tableau, nous a semblé en être le complément nécessaire.

De la Crise.

Nous hésitons un peu à écrire ce mot en tête de ce chapitre ; n'est-il pas un peu gros pour la situation ? Notre excuse, dans tous les cas, serait dans le bruit qu'on en a fait.

Le mot *crise* implique, à la fois, vivacité dans le mal et nature essentiellement passagère de ce mal : le mal, on l'a exagéré ; de solution prompte, de retour très-prochain au taux normal de l'intérêt, il serait imprudent de l'espérer. Toutefois, s'il y a confiance de capitaliste à industriel, de commerçant à commerçant, et cette confiance ne s'est pas altérée et elle ne devait pas s'altérer, prévoyance et modération ayant été la règle de tous dans le maniement des affaires, tout ira comme devant. La production sera peut-être un peu plus chère, le capital ayant été loué plus cher ; mais la surcharge trop peu importante pour décourager producteurs et consommateurs. D'ordinaire, plus une chose est rare et chère, plus intelligent est l'emploi qu'on en fait ; ce sera l'occasion de s'étudier à une plus rapide circulation du *capital* que souvent nous laissons séjourner plus qu'il ne faudrait dans les étapes de la production, et de compenser ainsi, par son plus fréquent retour, l'augmentation de loyer qu'il nous fait subir.

1853, 1854, 1855 ont été, en France et en Angleterre, trois Situation commerciale en France et en Angleterre. années d'activité commerciale. A l'*exportation*, 1853 tient la tête. Il a surchargé quelques marchés étrangers, notamment les États-Unis, l'Australie et la Californie : mais avec un peu de diète aux dépens de 1854, le mal a été guéri et sans laisser traces.

A *l'importation*, qui, en France, depuis 1852, va toujours grandissant, même en dehors de la fâcheuse nécessité des grains étrangers. les chiffres de 1855, d'après les tarifs déjà connus, dépasseront les chiffres des précédentes années. Ils se grossissent surtout des houilles, des fers, des fontes, qui, par la nature industrielle de leur consommation, sont le signe d'un grand mouvement producteur.

Cependant cette même marche ascendante des *importations*, qui se faisait sentir en Angleterre depuis 1850, semblerait y avoir éprouvé un temps d'arrêt en 1855. Les approvisionnements ont été moins complets en même temps que la réexportation leur empruntait davantage. Peut-être faut-il entrevoir. dans ce ralentissement de la consommation anglaise. l'action des taxes nouvelles dont on l'a grevée. voulant répartir le fardeau de la guerre entre le présent et l'avenir.

Aux États-Unis.   Les États-Unis tiennent dans le commerce du monde une place chaque jour plus grande. Nous devions d'autant moins les oublier dans cette revue générale. qu'à d'autres époques ils ont fait vivement sentir à l'Europe l'influence de leur bonne ou mauvaise fortune. notamment de 1837 à 1842. On peut dire que. dans ces six années. le désordre de leur crédit a paralysé l'Angleterre. non sans quelques contre-coups pour nous. mais légers. La vie n'est rentrée en Angleterre qu'après la liquidation du passé américain. faite tant bien que mal. Mais alors ces clients. immodérés quand ils achetaient comme quand ils empruntaient. ayant beaucoup à faire et voulant tout faire à la fois. travaillaient presque uniquement sur le capital étranger. en attendant de se faire un fonds de roulement. De magnifiques récoltes que l'Europe leur a chèrement payées, un meilleur gouvernement de leurs banques, l'or de la Californie venant asseoir leur circulation, et, par-dessus tout, le temps qui a marché, ont changé cette situation à leur profit en même temps qu'au profit de leurs créditeurs habituels. Non pas qu'ils aient cessé d'être emprunteurs en Europe : ils le sont sous plusieurs formes, et le seront encore longtemps ; mais avec un meilleur crédit et des ressources toujours croissantes pour s'acquitter.

En 1853, ils ont beaucoup vendu et beaucoup acheté ; leurs affaires étaient fiévreuses : 1854 s'en est d'autant plus ressenti, qu'une mauvaise récolte de céréales leur apportait des souffrances au dedans, en leur ôtant des moyens d'échange au dehors. Ils sont cependant sortis sans sinistres de cette épreuve, et aujourd'hui leur abondante récolte de 1855, que l'Europe se dispute, leur conservera leurs encaisses en même temps qu'elle vaudra de riches frets à leur marine marchande. Ils ne sont pour rien dans la crise actuelle, et n'en sentent jusque-là aucun préjudice. Leur commerce est libre d'encombrement ; leurs banques ne sont pas trop lancées, l'argent n'y est point rare, et l'intérêt ne sort pas de ses limites accoutumées.

Rien donc, dans les rapports commerciaux de ces trois grandes nations, qui ait le moins du monde préparé nos embarras actuels. Le commerce intérieur y est non moins étranger. En ce qui touche son importance en 1855, à défaut de données officielles, on est obligé de s'en tenir à des appréciations ; mais on peut hardiment, en se reportant au commerce extérieur, conclure de l'un par l'autre. De grandes importations supposent à la fois de grandes consommations et de grandes reproductions : de grandes exportations supposent, à leur tour, beaucoup de bras mis à l'œuvre, beaucoup de salaires distribués, et conséquemment beaucoup de chalands pour les produits de la ferme et de la boutique.

Ces salaires ont été d'autant plus abondants, qu'à la production normale, qu'à la production que nous appellerons pa-

Commerce intérieur.

cifique, et qui ne déclinait pas, venaient s'adjoindre les préparatifs militaires et le surcroît d'activité qu'ils impriment à certaines industries ; effet passager, il est vrai, consommation qui laissera des vides. Mais ici nous ne traitons que des faits du présent sans rien rechercher au delà.

Dans la rétribution allouée à chacune des forces productives, les chefs de la production, industriels ou commerçants, ont-ils eu la part qui, d'habitude, leur revient ? Nous serions tenté de croire que, généralement du moins, elle a été restreinte. Les circulaires dans lesquelles, en Angleterre, à fin d'année, chaque industrie résume les phases qu'elle vient de parcourir, s'accordent sur ce point. En France, et toujours par la même cause, l'enchérissement des éléments mis en jeu — main-d'œuvre et matières premières — et la difficulté d'en faire tenir un compte suffisant aux consommateurs, donnent à craindre qu'il n'en ait été de même : d'ailleurs, ici comme là, l'empressement avec lequel le capital est recherché n'indique pas que les inventaires des deux dernières années aient laissé de grosses balances.

Pendant la période que nous venons de parcourir, les extractions d'or, qui avaient commencé en Californie en 1849, avec 1851 en Australie, n'ont pas cessé de fournir aux échanges des trois grands pays commerçants un aliment qui leur devient de plus en plus familier. L'or, qui, jusque-là, ne se déplaçait guère que comme moyen de compensation, que comme règlement de balances, est entré nettement dans la catégorie des marchandises. L'Australie et la Californie n'en ont pas déversé annuellement, dans ces derniers temps, moins de 600 millions, et les avis qui en viennent promettent pour l'avenir la même abondance.

Dans cette revue, que nous avons tenu à faire scrupuleuse, nous croyons donc avoir dégagé le commerce de toute responsabilité dans des embarras dont il a sa part. Le commerce n'a pas spéculé, n'a pas surchargé les marchés; le commerce a été prudent; il sera éprouvé, mais point ébranlé : recherchons donc ailleurs l'origine du mal.

En France, à l'annonce des mesures restrictives de la Banque, mesures qui n'avaient d'autres torts que d'être un peu tardives, on a crié à la précipitation, à l'exagération, et on n'a voulu attribuer l'écoulement du numéraire qu'à des importations de céréales, sans réfléchir qu'elles n'étaient pas encore sérieusement commencées.

En Angleterre on a jugé plus correctement la question; on ne s'est point étonné de la prétention de la Banque d'Angleterre, d'obtenir de son or, quand il était rare, un loyer plus élevé que quand il était abondant; de la voir moins rassurée sur la possibilité de fournir aux besoins de la situation, en décembre 1855, avec un encaisse de 275 millions, au milieu des nécessités de la guerre, qu'elle ne l'était en septembre 1852, dans une paix profonde, avec un encaisse de 545. On n'a eu aucune peine à comprendre que l'or et l'argent envoyés en Turquie ou en Crimée n'y trouvaient pas un commerce régulier, qui dût prochainement les retourner ou se payer dorénavant des avances qu'il pourrait faire par des échanges; que la guerre la plus légitime n'en dévorait pas moins des capitaux qui, une fois consommés, ne renaissaient sous aucune forme; que des emprunts assez répétés, à Londres, à Paris, devaient, en absorbant les épargnes disponibles, multiplier les titres sur le marché et élever les conditions du prêt; qu'enfin ces restrictions, toutes gênantes qu'elles fussent, n'en étaient pas moins des mesures de sûreté générale, nécessaires pour la sauvegarde du commerce et l'honneur du pays.

Causes diverses de
crise monétaire.

Non, les banques n'ont pas fait la situation actuelle : elle l'était; elles l'ont constatée.

Éveiller tout doucement l'opinion, conseiller se borner à la prudence, c'eût été faire de la haute morale à de petits enfants ; pour empêcher le mal de s'aggraver il n'y avait qu'une seule forme efficace d'avertissement, elles en ont usé.

Cette situation, pour la France du moins, voilà sa raison d'être :

Les effets de la guerre.

La guerre d'abord ; à hâter sa fin par l'énergie de sa poursuite, le pays ne pouvait refuser ses efforts. La guerre actuelle a deux effets, qu'il ne faut pas confondre quoique agissant tous deux dans le même sens : un effet monétaire et un effet financier. Un effet monétaire, en ce qu'elle oblige à de grandes exportations d'or et d'argent qui, appauvrissant la circulation et les banques, ralentissent plus ou moins les échanges ; un effet financier, en ce que les préparatifs militaires prennent beaucoup aux approvisionnements généraux du pays, consommation extraordinaire qui ne laisse rien qui la remplace, détruit une portion du capital disponible et renchérit la portion qui reste.

Emprunts.

Quand la part revenant à l'État dans le revenu du contribuable, même grossie de quelques impôts passagers, suffit à défrayer une guerre ou toute autre dépense extraordinaire, il n'y a qu'un déplacement : le contribuable sacrifie quelqu'une de ses jouissances : la consommation a peut-être changé de nature, mais, dans l'ensemble, la dépense reste la même. Si, au contraire, au lieu des contribuables, on s'adresse à l'emprunt, viennent alors sur le marché de nouveaux titres qui sollicitent le capital disponible et ne l'enlèvent à ses précédents emplois qu'en en élevant le loyer.

Impuissance des souscripteurs du dernier emprunt.

Ce n'est pas tout : si, malheureusement, ces emprunts ont rencontré beaucoup des souscripteurs plus avides qu'aisés, moins heureux dans cette troisième course aux primes que dans les précédentes, déçus dans leur espoir de réaliser après le premier versement, manquant de ressources pour les autres, comment des besoins aussi divisés, peut-être minimes dans leur chiffre, mais allant frapper à toutes les portes, ne feraient-ils pas croire à la pénurie du capital? L'opinion ne tarde pas à devenir bientôt le fait : on entend répéter que l'argent est rare, qu'il est couru, et tel qui en a, qui s'en serait défait, s'il l'avait cru abondant, le garde et le renferme sous l'empire de la crainte. Là commencent cette foule de thésaurisations partielles qui déguisent au pays ses véritables ressources, et qui, pour ne pas suivre l'or qui va en Crimée, n'en ajoutent pas moins à l'effet de sa disparition.

Si tout cela coïncide avec des flux et reflux incessants d'autres affaires de Bourse, si la Bourse a agrandi ses opérations quand elle devait être plus réservée — et nous n'hésitons pas ici à signaler la Bourse au nombre des causes qui ont eu l'influence la plus fatale — comment, dans cet ensemble de faits, ne pas trouver déjà la raison des embarras du marché? *Imprudences de la Bourse*

Cependant, ce ne serait pas suffisant encore pour expliquer comment l'or qui arrivait n'a pas compensé celui qui s'écoulait ; comment, avec les affluents réguliers de la Californie et de l'Australie, le niveau des caisses, aux Banques de France et d'Angleterre réunies, a pu s'abaisser de 1,100 millions qu'il était en 1852, à moins de 500 en 1855. C'est là qu'il faut mettre en compte l'enchérissement depuis 1852 de tous les objets de consommation et tout ce qu'il a fallu ajouter à la circulation métallique pour le besoin de leurs échanges. Nous insistons sur cette occasion d'absorption, parce que, fût-on disposé à la concéder, on n'y attacherait pas encore le chiffre qu'elle mérite. *Accroissement nécessaire de la circulation.*

Ainsi, pour nourrir sa population, il faut à la France 110 millions d'hectolitres de grain ; la moitié environ de cette quantité n'est l'objet d'aucune transaction monétaire ; cultivateurs et propriétaires la consomment sur place. Les 55 millions qui quittent nos campagnes représentent, depuis 1853, 800 millions de plus qu'à leur cours normal. Si nous remontions aux

cours de 1848 à 1852, ce serait le chiffre de 1200 millions qu'il faudrait écrire.

Que si on fait le même calcul pour la viande, le vin,
le bois, l'huile, la laine, la soie, la houille, le fer et autres
métaux, les salaires, les loyers, toutes choses qui plus ou
moins, mais toujours dans une grande proportion, ont vu
depuis quatre ans leurs prix successivement s'élever—augmentation qui se représente à tous les étages de la production qu'elles parcourent — on trouvera dans ce qu'il a fallu
ajouter à la circulation monétaire pour mettre en mouvement
cet accroissement nominal de valeur, plusieurs centaines de
millions ; c'était un *item* à ne pas négliger dans le bilan des
métaux précieux.

Importations des blés
étrangers.

Dans les éléments de leur disparition, l'on remarquera que,
contrairement à ce qui a été dit, nous n'avons pas tenu
compte jusqu'alors de leur exportation pour achat de céréales.
On en a fait le pivot de la crise au moment où, en octobre et
en novembre, on se récriait contre les mesures de la Banque ;
et cependant, à ce moment, il n'avait pas été envoyé un seul
lingot, une seule pièce aux États-Unis ; à ce moment, au contraire,
l'or arrivait encore de New-York. Qu'avait-on fait entrer de
toutes provenances, depuis que l'exiguïté de la récolte de 1855
faisait prévoir la nécessité des importations? En septembre,
octobre et novembre, un peu moins de 1,500,000 hectolitres,
soit, en chiffres officiellement publiés, 1,122,835 quintaux mé-
triques. Ce n'était donc pas ce qui pouvait faire un vide
sensible dans nos caisses.

Influence des mauvaises
récoltes

Toutefois, nous nous garderons bien de ne pas reconnaître
l'influence des mauvaises récoltes sur les affaires de crédit et
de commerce, même en dehors des sorties de métaux précieux
qu'elles provoquent. Une mauvaise récolte assombrit un pays,
rend les capitaux méfiants, fait ajourner bien des consommations, décourage l'esprit d'entreprise. Son effet moral est peut-

être encore plus dommageable que son effet matériel. C'est donc comme effet moral surtout que nous sommes disposé à ranger la récolte de 1855 au nombre des éléments qui réagissent sur la situation actuelle.

Cette situation, nous la résumons ainsi : le train des affaires s'était réglé sur quarante années de relations pacifiques en Europe, et sur la confiance dans leur maintien. L'or affluant de l'Australie et de la Californie avait contribué à leur donner un nouvel élan. La guerre est survenue, l'or est sorti à la suite des armées.

L'insuffisance de la récolte de 1855 a été constatée ; elle a dû préoccuper l'esprit public, faire craindre la même influence fâcheuse pour 1856, que celle que la récolte de 1853 avait exercée en 1854 sur les recettes du Trésor, sur les encaisses des banques, et ce, en même temps que l'enchérissement croissant de toutes choses laissait disponible pour le dehors une moindre partie de l'or qui arrivait. Sont venus des emprunts. Le dernier, qui prenait l'épargne un peu au dépourvu, aurait eu besoin de mains puissantes et sérieuses pour le soutenir ; il a pesé sur le crédit. Le commerce, comprenant la situation, a gardé la mesure qu'elle commandait. La Bourse n'en a tenu aucun compte. Dans cet état de choses, les banques dépositaires de l'argent et du crédit : les premières par conséquent à juger, par les atteintes journalières portées à ce dépôt, de celles qui les menaçaient encore ; malgré ses fluctuations, responsables de son maintien : incapables d'en relever le niveau, si une fois elles l'avaient laissé par trop s'affaisser, ont reconnu un seul moyen efficace : l'élévation du taux de l'intérêt. Avertissement général donné au commerce, tout entier bien disposé à en profiter ; mors rigide pour d'autres, que de simples avertissements auraient trouvé rebelles.

De l'Argent.

Le vulgaire a une tendance à grandir démesurément le rôle de l'*argent*; l'économie politique le rabaisse peut-être un peu trop.Théorie de la science
Préjugés du vulgaire su
le rôle des métaux pré
cieux.

Aux yeux du vulgaire (et, à d'autres époques, plus d'un homme d'État a partagé la commune illusion), les métaux précieux sont la richesse, sinon toute la richesse, au moins la richesse par excellence.

Le vulgaire est dans l'erreur ; mais comment s'en défendrait-il, quand il voit, à certains moments d'embarras commerciaux, l'impatience avec laquelle, aujourd'hui même, on signale les paquebots chargés d'or ou d'argent, et leur arrivée saluée avec une bienvenue qu'on n'accorderait pas à un convoi de sucre ou de coton?

Quand, à la suite d'une exportation un peu considérable de numéraire et d'un engorgement de produits, il voit les affaires languir pour bientôt s'affaisser, et ne se relever qu'avec les produits écoulés et le numéraire redevenu abondant?

Quand il entend dire qu'en octobre 1847, l'Angleterre, quoique abondamment pourvue de ces grands approvisionnements de tout genre — matières premières, marchandises fabriquées, outillages, moyens d'exploitation, créances sur tous les États, lettres de change sur tous les commerces du monde — que la science désigne comme la véritable richesse, fut à deux doigts d'une faillite générale, parce que la Banque ne lui délivrait pas quelques millions sterling enchaînés dans ses caisses au nom de la loi de 1844 ?

Théorie de l'intérêt de l'argent.

S'agit-il de l'*intérêt de l'argent* ? L'impropriété de ce mot que l'habitude a consacré, quelques apparences faites pour égarer même des esprits plus réfléchis que le sien, viennent encore ajouter à la confusion de ses idées. La science s'étudie à les dissiper.

Un commerçant, lui dit-elle, ne se fait emprunteur que pour échanger tout aussitôt l'argent qu'il reçoit contre telle ou telle marchandise ; ce n'est donc plus l'argent, mais bien la marchandise qui devient ainsi l'objet prêté, et constitue l'emprunteur redevable, pour l'usage plus ou moins long qu'il en fera, de ce loyer qu'on est convenu d'appeler l'*intérêt de l'argent*. Il n'y a plus dans ses mains que du coton, de la laine, de la fonte, qui, de son industrie, vont recevoir une valeur additionnelle ; l'argent, qui n'avait assisté au contrat qu'à titre d'intermédiaire, s'en va recommencer dix, vingt opérations de la sorte, avant que le calicot, le drap ou le fer aient eu le temps de rembourser le prêteur. Dans un pays riche, dans un pays bien pourvu de capitaux libres, de capitaux disponibles, dénomination sous laquelle il faut comprendre avec le numéraire les valeurs bien plus considérables qui, sur le marché, n'attendent que l'occasion de changer de mains, ce loyer, cet *intérêt de l'argent*, se traitent à de plus douces conditions que dans un pays pauvre et mal pourvu, surtout si les prêteurs se montrent plus empressés que les emprunteurs.

A ces déductions de la science, le vulgaire ne se rend pas encore ; jugeant, et avec raison, par l'aspect général des choses, par l'entrain des consommations, que le pays doit être plus riche en 1856 qu'il ne l'était en 1852, mieux pourvu dans ses entrepôts, ses magasins, ses ateliers, de tout ce que scientifiquement on appelle *son capital*, il s'étonne d'être obligé

de payer, malgré cela, 6 0/0, en 1856, le loyer de ce capital
qu'en 1852 il empruntait à 3 0/0. S'il s'avise de jeter les yeux
sur les situations successives de la Banque, tableau dont nous
avons reproduit les principaux traits au commencement de ce
travail, comment son incrédulité ne redoublera-t-elle pas en
face de cette coïncidence :

En octobre 1852, encaisse de 588 millions. Escompte à 3 0/0.

     —   1855,   —   232   —   —   6 0/0.

Après cela, essayez de lui persuader que ce n'est pas le
capital or et argent qui seul, et à l'exclusion de tout autre,
règle le taux de l'intérêt.

Ce n'est pas tout : il s'effraie de cette disparition du numéraire et des conséquences de cette autre disette. La théorie
prend soin de le rassurer à cet égard. L'argent qui quitte le
pays, lui dit-elle, cède tous ses droits à celui qu'il y laisse.
Celui-ci, ainsi accru dans sa valeur, acquiert la puissance de
suffire à toute la circulation.

La théorie est rigoureusement exacte : une pièce de 5 francs
en remplacera deux, toutes les autres valeurs fléchiront pour
s'ajuster à ce niveau ; mais au prix de quelles souffrances ?
C'est le tableau qu'on néglige de joindre au texte, et que l'on
retrouverait au besoin dans la période qui a suivi, en Angleterre, la reprise des paiements en espèces.

Puissance de l'or ! il est bien difficile de se défendre de ton
prestige ; et cependant, sans nous appesantir encore, dans un
autre ordre d'idées, sur ce qu'il y a de triste et de hon-
teux dans la physionomie que tu donnes à certains aspects
de notre époque, nous voudrions essayer, dans une circon-
stance où tu nous causes à tous des préoccupations si légitimes,
de bien déterminer, au point de vue purement économique,
ce qu'il faut croire de toi ; ce qu'il en faut craindre, ce qu'il
en faut espérer ; quels sont ceux qui t'exagèrent et ceux
qui te réduisent à ta juste valeur.

Assurément la monnaie d'or et d'argent n'est qu'un des nombreux éléments du capital de chaque nation, minime fraction quand on la compare à l'ensemble. Elle est inutile dans la société à son berceau quand, vivant plus ou moins isolée et avec des besoins très-restreints, chaque famille se suffit des fruits de son travail. Dans nos campagnes les plus écartées, les colons partiaires, qui ne se nourrissent que de ce qu'ils récoltent, qui filent, pour s'habiller, le chanvre et la laine du domaine, nous offrent quelques vestiges de ces habitudes primitives; absorbant en nature la part qui leur revient dans l'action combinée de la terre et de leur travail, et laissant au propriétaire le soin de réaliser la sienne sur les marchés et de s'en faire une rente en argent. Ils ont vécu sans toucher à un sol : si même des épargnes leur ont été possibles, elles se résument habituellement dans l'accroissement de leur cheptel.

Mais la société marche, ses rapports se compliquent d'individus à individus, de nations à nations ; le travail se divise, la spécialité s'établit. Ce n'est plus la même industrie qui traitera telle ou telle matière depuis son état brut jusqu'à sa forme consommable ; ce sont trois ou quatre industries successives, et dans chacune plusieurs étages de productions. Que de choses à échanger, que d'occasions d'échanges! Une fois les métaux précieux constitués les instruments de cet échange entre les nations comme entre les individus, ce n'est plus alors par leur valeur en chiffres qu'il les faut apprécier, mais bien par l'importance de leurs fonctions. Qu'ils ne soient, en fait, que la vingtième, la trentième partie du capital, là n'est pas la question. Dans le mécanisme général de la machine sociale, sont-ils un rouage qui ne compte qu'à l'égal des autres, un rouage de détail ou un moteur principal ? Et quand il serait vrai que l'opinion publique suivît leurs mouvements d'un œil trop soucieux, qu'elle s'en exagérât la portée, ne faudrait-il pas tenir note de cette disposition? Les alarmes ne sont-elles pas souvent aussi compromettantes que le mal? Il y a là un compte moral à faire, et l'économie politique nous semble s'être bornée à faire sèchement un compte mathématique.

Avec des entrepôts bien garnis dans les villes de commerce ; dans les campagnes, des fermes regorgeant de récoltes ; supposez une catastrophe qui détruise ou seulement intercepte, pour un temps plus ou moins long, les voies usuelles de communication, et demandez-vous alors que deviendront producteurs et consommateurs, quelles seront leurs anxiétés. De même pour l'argent, si cet instrument de transmission venait tout à coup à faire défaut. A la différence toutefois que si quelques-unes de vos voies de communication avaient été épargnées dans le désastre général, elles s'empresseraient à l'envi d'offrir leurs services au public, au lieu que l'argent qui émigre du pays fait cacher d'épouvante celui qui y reste. Avec le temps, certainement, vous ferez reparaître celui qui s'est caché, rentrer celui qui est sorti ; mais dans l'intervalle, que d'embarras financiers et commerciaux ! que de fortunes compromises ! que de bilans déposés ! que de manufactures fermées, d'ouvriers congédiés ! en un mot, que de ruines !

Cependant il y a des nécessités d'exportation, des nécessités impérieuses : la guerre, quand on la poursuit dans un lointain pays, sur une grande échelle ; dans un pays qui ne peut la défrayer en moyens d'alimentation, d'entretien, de transport, d'abri, où vous avez tout à pourvoir. Chez vous, tous ces moyens abondent ; si vous les y pouviez porter en nature, vous ne laisseriez, dans la richesse de vos approvisionnements intérieurs, qu'un vide peu perceptible. Si encore vous pouviez compenser ce que vous achèterez, par des échanges, par vos produits manufacturés ! Mais non, vous n'avez pas encore là de consommateurs, au moins dans une suffisante proportion ; l'argent seul y mettra tout à votre disposition. Pour vous être fait ouvrir des crédits locaux, vous n'échapperez pas à son exportation; on tirera sur Marseille ou sur Londres, mais on enverra les lettres de change en recouvrement, avec demande d'espèces en retour.

De même pour de grands achats de céréales à l'étranger, à moins de rencontrer cette ressource dans une contrée comme les États-Unis, où nos exportations atteignent le chiffre de 200 millions : heureuse coïncidence ! importations qui multiplieront encore nos débouchés et coûteront peu de chose à l'encaisse de la Banque.

Voilà deux circonstances éventuelles, il est vrai; rares, il le faut espérer, où l'argent devient le nerf de la situation ; dans lesquelles, matériellement nécessaire, aucun des signes, aucune des combinaisons du crédit ne sauraient le remplacer.

C'est dans de telles occasions qu'il faut tenir comme une bonne fortune ce courant d'or qui s'épanche constamment de l'Australie et de la Californie, et qui, ne revenant jamais à son point de départ, comme la circulation ordinaire, peut fournir à des besoins prolongés. Sans cette ressource, eût-on suffi aux déboursés de la situation, à ceux qu'elle commande encore, la guerre eût-elle eu la même énergie ? Là-dessus les esprits spéculatifs peuvent se donner carrière.

Dans ses transactions habituelles, régulières, extérieures ou intérieures, le commerce, quel que soit son développement, peut se passer de cet afflux de métaux précieux, au moyen de ce capital toujours en mouvement qu'il a consacré à la circulation, de celui, moins considérable, qu'il laisse reposer dans les caisses de la Banque pour solder des balances auxquelles éventuellement les échanges n'auraient pu faire face. Mais ce n'est qu'à la condition que ces deux fonds seront toujours respectés dans leur destination, qu'ils ne seront jamais appliqués à des emplois sans retour, à moins cependant de remplacements immédiats et assurés. Ils sont l'atmosphère du commerce, son air respirable. et en l'en privant on compromet son existence.

Indépendamment des circonstances extraordinaires auxquelles nous avons fait allusion, à la suite d'une trop grande animation dans les affaires, d'une trop grande expansion du crédit, d'une production qui s'est exagéré les besoins, il survient quelquefois des crises commerciales, crises qui affectent un caractère général, qui, par l'agencement des relations d'État à État, se répercutent de l'un dans l'autre, la situation du débiteur compromettant plus ou moins celle du créancier.

C'est alors, mais alors seulement, qu'on pourrait retourner contre le capital *marchandise* l'épigramme ingénieuse qu'on a dirigé quelquefois contre ces nouveaux Midas qui dans les échanges ne voudraient recevoir que de l'or. En effet, dans ces tourmentes, que sert la *marchandise?* Quel est le besoin pressant, le besoin de tous? S'acquitter. Quel moyen d'y pourvoir? Le numéraire. Matières premières, produits manufacturés, valeurs publiques, tout cela, lettre morte, alors que, dans cette paralysie générale, personne n'est acheteur, craignant une nouvelle baisse une fois la marchandise dans ses mains. Vous offrirez à un ami, à un emprunteur, menacé par de prochaines échéances, le capital dont il a besoin sous la forme de balles de coton, qu'en ferait-il? Le coton sort des habitudes de son commerce; il ne saurait les réaliser qu'au prix des plus grands sacrifices. Autant vaudrait pour lui ce lézard empaillé, *curiosité propre à pendre au plancher*, que l'avare de Molière a soin de comprendre dans les valeurs qu'il donne à son emprunteur. C'est de l'*argent* qu'on demande, c'est cet instrument de liquidation par excellence, seule valeur restée incontestable et bien affermie dans le discrédit de toutes les autres, qu'on va partout sollicitant; grossissant le danger en multipliant les alarmes. L'*argent* semble manquer à tout le monde, et cependant il existe, mais dans des mains

timides ou méfiantes, que la défaveur du *change*, l'appauvris-
sement des réserves de la Banque fait hésiter, soit qu'elles crai-
gnent de le compromettre, soit qu'elles prévoient dans l'avenir
des besoins personnels.

Probablement pour guérir la situation, pour ramener la
confiance, il n'en faudrait pas beaucoup ; un sac ou un billet
de 1,000 francs livrés à la circulation, à une circulation sans
arrêt, feraient en quelques jours dix liquidations, acquitteraient
10,000 francs de dettes. Les banques ont bien leur ba-
lancier où elles frappent monnaie à volonté ; mais une fois
l'exportation des espèces bien constatée, en en usant, elles ne
feraient qu'appauvrir leurs ressources, augmenter les embarras de la circulation, obligées de rembourser en espèces le
lendemain le papier qu'elles auraient émis la veille.

Conclusion

Oui, l'or et l'argent ne sont pas la richesse par excellence,
oui, ils ne sont qu'une fraction du capital national ; mais une
fois consacré dans les échanges comme intermédiaires et
comme équivalent — et la Providence ne pouvait nous fournir des instruments à ce plus appropriés. — il faut prendre
en très-grande considération leurs phases, leurs accidents, et
les tenir pour des événements sociaux de premier ordre. Oui,
au nombre des sages dépenses d'une grande nation qui a la
prétention légitime de compter pour beaucoup dans les affaires
de ce monde, figurera toujours l'entretien d'une large circulation métallique. Souvent elle sera surabondante. Dans les
temps calmes et réguliers, qui sont l'état habituel des peuples,
on sera tenté de regretter ce qu'elle coûte ; mais l'imprévu est là,
les guerres, les mauvaises récoltes ; faut-il se laisser prendre au
dépourvu ? Une nation puissante sait toujours, dira-t-on, par un
redoublement d'efforts, se mettre au niveau des circonstances
extraordinaires, sans s'épuiser à l'avance, en prévoyance d'un
danger souvent chimérique. Que l'Angleterre réponde : après
ses campagnes de 1854 et de 1855, témoin assistant de nos

triomphes, regrette-t-elle ou non d'avoir, trente ans durant, si mesquinement entretenu ses services militaires, d'en avoir fait descendre quelquefois à *onze millions sterling* la dépense qui, cette année, dépassera *cinquante*, pendant que, mieux avisés, nous ne laissions pas péricliter les nôtres ?

De la Bourse et du Crédit mobilier.

Sur aucun marché en Europe, marchés de cette nature, ne sont engagés d'aussi gros intérêts qu'à la Bourse de Paris. La Bourse de Paris tient une grande place dans les affaires de ce monde ; dans l'opinion publique, sa place est plus petite, à peu près celle d'un parvenu. Peu sympathique, peu populaire, malgré sa nombreuse clientèle, on la jalouse dans ses succès ; dans ses revers, rarement on la plaint.

Elle l'a compris : plus que tous les autres intérêts, elle était préjudiciée par les mesures de la Banque. On avait compté sur la Banque, sur les facilités et le bon marché de son crédit, pour entretenir la place à la hausse, quand à certains moments donnés étaient à vider de gros portefeuilles, à mettre en cours de nouvelles actions, à récolter des primes, moisson d'un plus fréquent retour que celle de nos laboureurs. Il était si doux, si commode pour ceux qui tiennent la main de voir le tapis vert bien achalandé, toujours entouré, et voilà que la Banque, en limitant ses avances sur dépôts d'actions, en diminuant le chiffre et augmentant l'intérêt du prêt, fait défaut à ces encouragements, à ces excitations.

De là des colères... Des colères et des griefs de la Bourse, le public se fût peu ému : aussi l'on a eu soin, pour le toucher davantage, de prendre des traits qui lui sont plus sympathiques et plus chers ; on a emprunté la figure de ce bon et respectable commerce qui, quinze heures par jour au gouvernement de son comptoir ou de ses ateliers, demande au travail et à l'économie l'avenir de ses enfants. Le mot d'ordre a été donné, et sur-le-champ des tableaux pathétiques : le commerce en désarroi, le travail arrêté dans les manufactures ;..... la Banque compromettait les plus chers intérêts du pays;..... la Banque avait peur de son ombre, et la Banque faisait toute la crise ; dans son égoïsme elle rejetait sur le commerce tout le fardeau des sacrifices..... Ces accusations, nous en examinerons le mérite quand bientôt nous traiterons directement de la Banque.

Pendant toutes ces rumeurs, cette Banque si rigoureuse, si inabordable fournissait à l'escompte, du 5 octobre au 17 décembre 1855, 165 millions ; dans la même période en 1854, elle n'en avait donné que 118. Ce commerce qui, par la clause des soixante-quinze jours substitués aux quatre-vingt-dix, ne devait plus trouver dans ses portefeuilles de valeurs assez courtes pour l'escompte, n'usait en moyenne que d'une latitude de trente-cinq jours, et bientôt à la Bourse, que ses meilleurs amis laissaient dans l'embarras, une liquidation eût complétement échoué, si la Banque ne lui avait pas généreusement fourni 18 millions.

Toute valeur mobilière, si on veut accréditer ce mode de placement, doit avoir son marché. Sur nos foires et nos marchés urbains se traitent les denrées agricoles ; dans les ventes publiques, les produits du dehors ; dans les bourses de commerce, les lettres de change et les métaux précieux ; sur la Bourse de Paris, les titres de rente, actions, obligations de chemins de fer et autres affaires industrielles. Sans un cours authentique, publiquement débattu et accusé, avertissant chacun de se faire vendeur ou acheteur, suivant ses besoins et ses impressions personnelles, il n'y aurait qu'incertitude et langueur dans les transactions.

Avec l'importance de notre dette publique, le nombre des

grandes entreprises industrielles par association, la nécessité de classer ces valeurs au moment où elles se produisent ou se déplacent, la Bourse de Paris est un marché indispensable. et dans ces limites le moraliste le plus chagrin, l'économiste le plus absolu n'ont rien à y reprendre.

Viennent les marchés *à terme*, que la loi ne sanctionne pas, que la facilité de nos mœurs encourage, et qui sont aujourd'hui les seules affaires importantes qui se traitent à la Bourse.

On dira peut-être que les affaires *à terme* sont indispensables aux affaires *au comptant ;* que l'apparition de celles-ci est si lente, si inégale, si décousue, qu'elles ne suffisent pas pour constituer un marché et le tenir régulièrement pourvu et complétement assorti ; qu'un ordre d'achat ou de vente *au comptant*, sans la ressource du *terme*, traînerait souvent bien des jours sans pouvoir être rempli. Là, comme ailleurs, ne faut-il pas des commerçants, préparant la marchandise aux consommateurs définitifs ? Leur pratique des affaires, leurs connaissances spéciales, les moyens d'information et d'appréciation qui leur sont propres, n'en font-ils pas de très-utiles auxiliaires? Après avoir ballotté entre eux ces différentes valeurs dans des transactions successives, ne sont-ils pas plus propres à donner à chacune sa véritable évaluation, qu'un vendeur ou un acheteur novice que l'ignorance rend hésitant? Avez un cheval à acheter ! Pressé, attendrez-vous ce qu'on appelle une *occasion?* N'estimerez-vous pas devoir être plus promptement servi, avec plus de choix de votre part, plus de contrôle préalable, par des yeux plus experts que les vôtres, chez l'homme du métier, chez le marchand de chevaux?

Nous admettons tout cela : nous acceptons, comme intermédiaires utiles, de gros banquiers, de gros capitalistes qui, pour n'avoir pas souscrit eux-mêmes un emprunt, une entreprise, un chemin de fer, ont fait large provision de titres, en tiennent magasin à la disposition du public, toujours prêts à vendre, toujours prêts à acheter, et utilement pour tous, quand une émotion, souvent irréfléchie, aura jeté du trouble sur le marché. Leur entremise a sa raison d'être, sa justification.

Nous demanderons à cette nuée de vendeurs et d'acheteurs *à terme*, aussi mal pourvus de ce qu'ils vendent que peu désireux de se pourvoir de ce qu'ils achètent, de nous fournir la même justification. Quelles lumières nouvelles apportent-ils sur ce grand marché? Habiles statisticiens, ont-ils, en décomposant les circonstances dans lesquelles se développe le trafic d'un chemin de fer, supputé plus juste que les autres ce qu'il doit gagner à tel embranchement, perdre à telle concurrence? Financiers bien renseignés, sont-ils bien au courant de la marche des capitaux sur les grandes places de l'Europe, de l'influence que la nôtre en doit ressentir? Joueurs heureux quelquefois, plus souvent malheureux, parce qu'ils trouvent là des adversaires plus habiles, plus puissants, mieux organisés, une foule d'apparences trompeuses, de piéges meurtriers qu'ils ne soupçonnent pas ; milice inexpérimentée qui ne saurait tenir pied, et, dans ses revers, porte le désordre hors des frontières de la Bourse, là où, affaires et crédit, tout sans elle eût été régulier.

Si donc le mécanisme commercial, la division du travail qui en facilite le jeu, font un instrument utile de ces grands détenteurs et négociants en titres de toutes espèces, ceux-là du moins ne sauraient réclamer le marché à *terme* comme une nécessité de leurs affaires: dans une opération sérieuse, ce n'est pas quinze ou trente jours de terme, et d'un terme souvent chèrement payé, qui peuvent leur importer à eux, prêteurs de leur métier, prêteurs par essence. Il est d'ailleurs un moyen bien simple d'éclairer la question des marchés à *terme*. En commerce proprement dit, il y a des articles qui, malheureusement, sont entrés dans le domaine du jeu : les farines, les huiles, les savons, les 3/6, pourrait-on prétendre que l'agiotage dessine mieux la vérité de leur cours que de simples transactions commerciales ? La fonte, la laine, le coton, la soie, l'indigo, etc., pour ne pas recourir aux mêmes pratiques, sont-ils des articles plus délaissés, d'un cours plus difficile à constater ?

Nous serions incomplets si nous quittions la Bourse sans parler de la puissance qui y règne aujourd'hui en souverain absolu. Traitant d'une question d'intérêt public, avec le senment du bien public, déterminé, sous l'empire de ce sentiment, à dire tout ce qu'il autorise, nous ne pouvions passer sous silence le **CRÉDIT MOBILIER**.

Le Crédit mobilier s'est fait, financièrement parlant, une grande situation, d'où beaucoup d'envieux et d'importants adversaires.

Dans les vues élevées qui l'inspiraient, l'État, son fondateur, a-t-il entendu autoriser une industrie particulière ou créer une institution d'utilité publique ; servir quelques intérêts individuels ou pourvoir aux intérêts de la communauté ? La réponse n'est pas douteuse : il a voulu fortifier le crédit public tout en le développant, mettre à ses côtés un soutien, un tuteur avant tout préoccupé des soins de son pupille, de l'éducation virile à lui donner, des égarements, des faiblesses dont il aurait à le préserver.

Dans cette sorte de délégation, l'État a-t-il bien mesuré l'étendue de la puissance qu'il mettait en des mains étrangères ? En constituant à côté de la Bourse un colosse financier indépendant et irréponsable, a-t-il suffisamment prévu l'imprudence et l'abus ? L'expérience était neuve, a-t-elle réussi ?

Ne pouvait-il pas craindre que les *reports*, qui devaient être la principale fonction et le premier devoir de la nouvelle institution, ne fussent uniquement combinés dans l'intérêt de

3

ses dividendes ? tantôt abonder, tantôt faire défaut, suivant qu'elle aurait à vendre ou à acheter ?

Qu'au lieu de sauvegarder régulièrement l'ensemble des valeurs, elle n'allât de l'une à l'autre, concentrant tour à tour sur chacune la puissance de son action, suivant les desseins secrets qu'elle nourrissait ; affectant de les délaisser ou de les courtiser, suivant qu'elle voudrait les faire entrer dans son portefeuille ou qu'elle aurait à les en faire sortir ?

Que, parvenant un jour à faire prendre à ses propres actions la tête du marché, à en faire la boussole du public, plus ou moins maîtresse de ce levier, elle ne pût à son aide soulever la Bourse à son gré et l'entraîner dans une succession d'égarements ?

Si aucune de ces craintes ne s'est réalisée, il faut reconnaître que le *Crédit mobilier* a été mis à une bien rude épreuve ; que, placé, avec pleine liberté d'action, entre ses devoirs et ses intérêts, au foyer de toutes les tentations, il lui a fallu, pour y résister, une vertu surhumaine, un grand détachement des choses de ce monde.

En grâce, qu'on ne l'expose plus ainsi, qu'on ne prolonge plus l'expérience. On doit être suffisamment convaincu aujourd'hui, après avoir vu en jeu les ressorts de cette institution, qu'elle est la plus puissante machine de guerre qui ait pu se créer contre tous au profit de quelques-uns. Après les énormes et incessantes fluctuations particulières à ses propres actions, fluctuation qu'on ne retrouve dans aucune autre valeur, on peut juger du mérite de sa prétention de **consolider et de régler le crédit.** C'était pourtant là sa raison d'être, sa destination ; il faut qu'une organisation nou·velle l'y ramène.

Cette organisation sera bien simple : c'est un **GOU-VERNEUR** à lui donner, un gouverneur au lieu d'un surveillant, simple contrôleur de sa comptabilité. La

Banque de France a toujours eu un **GOUVERNEUR;** le *Crédit foncier* aujourd'hui a le sien. Malgré cela, ces deux grandes institutions se meuvent en pleine liberté ; gouverneurs et administrateurs, quoique tenant leurs pouvoirs d'origines différentes, y vivent en parfaite harmonie. Mais, dit-on, les opérations du Crédit mobilier, plus compliquées, plus diversifiées, exigent, pour être conduites, une réunion d'hommes indépendants. Est-ce que les régents de la Banque de France, les administrateurs du *Crédit foncier,* ne sont pas aussi chatouilleux sur le sentiment de leur indépendance qu'on peut l'être au *Crédit mobilier?* Quant à la complication et à la diversité des affaires, probablement aussi le *Crédit mobilier* n'a aucune objection à être une maison de verre, à l'exemple de la Banque et du *Crédit foncier,* ainsi qu'il appartient d'ailleurs à tout établissement fondé sur l'utilité publique. Si donc cette complication, cette diversité, ne couvrent aucune équivoque, pourquoi se regimber à l'idée d'un gouverneur, qui ne sera qu'un collaborateur éminent au milieu d'hommes intelligents, partageant leurs travaux et leur aidant à en conduire le fil.

L'État a concédé au *Crédit mobilier* d'énormes priviléges : il lui a octroyé la faculté d'emprunter à quatre-vingt-dix ans de terme, sans autre gage que des valeurs mobilières qui ont leurs bons et leur mauvais jours.

Par le voile, par le bénéfice de la société anonyme, il a affranchi une réunion d'hommes d'affaires, qui déjà limitaient leur responsabilité pécuniaire, de toute responsabilité morale, frein salutaire pour qui agit à visage découvert en face de l'opinion publique, laquelle responsabilité cependant devait continuer à peser sur chacun de leurs compétiteurs. En même temps que, comme associés, il leur donnait sur ces compétiteurs l'avantage de l'unité d'action, de l'agrégation des capitaux, avec faculté de les porter au décuple en puisant dans la bourse du public, comme individus, il leur ouvrait l'occasion d'user, pour leurs opérations personnelles, des forces de toute l'association, si jamais ils s'en laissaient tenter.

Cette association, assise au milieu du tourbillon des affaires, s'en est fait naturellement le centre et le moteur. Quand, par imprudence ou par ambition, elle peut, à chaque instant, déchaîner des tempêtes, on a bien le droit de mettre à côté d'elle le QUOS EGO...

De la Banque de France.

———

La Banque a été rudement admonestée à l'occasion de ses
mesures restrictives des 5 et 19 octobre (1).

Quelle bonne fortune pour ses critiques, s'ils avaient eu sous
la main l'enquête anglaise de 1848 sur la crise commerciale
de 1847 ! s'ils avaient pu citer la déposition de M. Archibald
Alison, shériff du comté de Lanark ! « J'ai remarqué, y dit-il,
pendant tout le temps que j'ai habité le comté de Lanark,
que chaque élévation du taux de l'escompte à la Banque d'Angleterre était suivie, sinon immédiatement, au moins prochainement, d'un accroissement de crimes, de poursuites civiles,
et si elle se prolongeait, d'épidémies et de mortalité... Aussi,
administrateur du conseil des prisons et de quelques asso-
ciations charitables, je me suis fait une règle de dire à mes
collègues, chaque fois que survient une élévation du taux de
l'escompte : Messieurs, la Banque d'Angleterre a élevé son
escompte, hâtons-nous d'agrandir nos prisons, nos hôpitaux,
nos ateliers de charité. » Du reste, M. Archibald Alison se
gardait bien de formuler contre la Banque d'Angleterre la
moindre accusation. Il faisait le procès à la loi de 1844,

---

(1) Nous avons regretté de voir au nombre des adversaires de la Banque,
en cette occasion, un professeur distingué, dont les écrits, en économie
politique, ont une certaine autorité ; mais comme il limitait l'étendue du mal
à l'action des importations de blés, et qu'ailleurs s'exerçait une autre action
bien plus intense qu'il n'a pas signalée, il est moins étonnant qu'il se soit
récrié contre l'exagération du remède.

comme ayant enlevé à la Banque la libre disposition de ses encaisses, comme ayant provoqué, concurremment avec les
spéculations extravagantes de 1845-1846, la détresse de 1847.
S'il regrettait l'élévation du taux de l'intérêt, il ne s'en prenait
qu'aux circonstances, qu'aux règlements législatifs qui y
avaient contraint la Banque. Toutefois cette citation que nous
empruntons à sa déposition (*Secret committee of the house of
lords on the commercial distress*) eût été, en l'isolant du
reste de la déposition, un bien pathétique début pour un ad-
versaire de la Banque de France et de ses mesures.

Qui songe à contester que les crises financières, commerciales ou monétaires, n'aient de dures conséquences, conséquences douloureuses aux populations, l'élévation du taux de
l'intérêt entre autres? Mais, pourquoi, dans ces récriminations,
ne pas remonter à la source du mal, ne pas vouloir le reconnaître dans ses causes, n'accuser que ses effets? Quand
arrive l'inévitable renchérissement de l'argent, la crise était
déjà faite ; elle s'est préparée bien souvent au sein de la confiance et de l'abondance, bien souvent elle n'a été que l'ex-
piation d'excès gloutons au milieu d'une santé florissante. Vient
la diète, remède obligé pour conserver les forces qui restent
encore, rappeler celles qu'on a perdues. Vient, après la crise,
l'élévation du taux de l'intérêt, qui retient le reliquat des encaisses et rappelle l'argent du dehors.

Quand la Banque d'Angleterre, dès le mois de septembre,
élevait à 5 0/0 la condition de ses prêts, la Banque de France,
sous l'empire des mêmes circonstances, placée non loin
d'elle sous le feu des mêmes assiégeants, pouvait-elle s'empêcher, le 5 octobre, de suivre son exemple ?

Quand la Banque d'Angleterre, jugeant l'insuffisance de
cette première redoute, élevait sa barrière

le **19** octobre   { à 6 0/0 pour les valeurs à 60 jours,
                     { à 7 0/0 pour les valeurs à 95 jours,

en ne fixant ces chiffres que comme *minimum* et pour les crédits d'élite, et se réservait de les remonter encore plus haut pour les crédits secondaires ; la Banque de France, qui voyait de même ses ressources s'affaiblir, son portefeuille se grossir outre mesure, pouvait-elle différer un jour de plus sa condition de 6 0/0 à 75 jours ?

Puisqu'on a récriminé, en France surtout, au nom de notre commerce, de ce commerce réparti dans tant de mains, si modeste dans chacune, remarquons en passant qu'il n'y a point à la Banque de France, comme à la Banque d'Angleterre, de taux différentiel ; que le billet à trois signatures solvables, à quelque étage qu'elles appartiennent, y trouve le même tarif que les acceptations des plus gros financiers, la broche de 40 francs le même accueil que la valeur de 10,000.

A quoi arriverait une banque, dans ces moments d'embarras généraux, quand les mêmes besoins se font sentir sur toutes les places de l'Europe, si elle ne nivelait pas ses conditions avec les conditions du dehors ? à s'épuiser pour les autres et à mettre en péril le remboursement de ses propres billets.

En définitive, la Banque de France a-t-elle laissé le commerce en souffrance ? l'a-t-elle sacrifié pour sauvegarder son encaisse ? Là est toute la question ; les chiffres répondent. Jamais l'escompte n'a été plus abondant, le portefeuille commercial aussi rempli, à Paris comme dans les succursales (1). Il en a coûté, il est vrai, au commerce quelque chose de plus ; mais ce sont là de fâcheux passages qui, s'ils réduisent les bénéfices d'un chacun, n'arrêtent point les affaires, n'endom-

---

(1) Voici les chiffres du portefeuille en janvier, pendant quatre ans :

1853	316 millions.
1854	392 —
1855	355 —
1856	445 —

magent pas le crédit. Dans ces moments critiques, c'est le point important.

Au reste, ce n'est pas dans l'intérêt seul du commerce que la Banque prenait ces mesures conservatrices. La Banque, quoique établissement purement commercial, quoique établissement indépendant du Trésor — et elle ne maintiendra sa haute utilité qu'en gardant cette indépendance — n'en a pas moins à fournir, soit à Paris, soit dans ses succursales voisines du littoral, cet or qui va dans l'Orient défrayer nos armées. Pour pourvoir à l'écoulement, il faut entretenir les entrées. La Banque, avant tout, ambitieuse de dividendes, a-t-elle songé à grossir les siens des profits de l'escompte à 6 0/0? Non, elle les a appliqués et au delà à remplir un devoir public, à ce que nous appellerons, dans les circonstances actuelles, un devoir patriotique.

Achats d'or et d'argent par la Banque.

Un chiffre de 3,160,620 fr., que l'on a vu figurer parmi ses frais dans sa situation du 12 décembre, avec ce titre : *Primes pour achats d'or et d'argent,* en fournit l'indication, sans avouer, nous le croyons du moins, toute l'étendue de la dépense. Quand il faut appeler du dehors, non pas 100 millions, non pas 140 d'or ou d'argent, comme d'abord on avait dit tout bas, mais bien plus de 250 ; qu'il faut les appeler, non plus à l'aide du mécanisme naturel des changes, mais à l'encontre de ce mécanisme ; non plus comme solde d'une balance, mais comme marchandise dont on a besoin, le tout à grand renfort de lettres de change qu'on aura été chercher avant maturité dans tous les portefeuilles de l'Europe, il faut se préparer à un bon mémoire de frais. La Banque n'a pas reculé : c'est ce que ses adversaires ont oublié de dire au public.

Augmentation du capital de la Banque.

De la vente de ses rentes.

Mais si la Banque, dit-on, s'effraie tant des crises ; si elle ne se sent pas la puissance de les arrêter sans des mesures de rigueur si dommageables au public, qu'au moins elle se constitue sur des bases plus larges ; qu'elle augmente son capital, qui n'est plus, depuis longtemps, en harmonie avec l'extension de ses affaires ; qu'elle se mette enfin à la hauteur de sa mission.

D'autres ajoutent : Pourquoi d'hors et déjà ne cherche-t-elle pas au moins à mettre au service de l'escompte cette portion de capital qu'elle a colloqué en rentes, et qui, aussi étrangère, aussi inefficace pour le commerce qu'un immeuble ou une valeur hypothécaire, est pour ses besoins comme si elle n'existait pas ? Pourquoi ne vend-elle pas ces rentes, comme en 1847, pour en grossir ses ressources ? Voilà ce qu'on dit, oubliant que la Russie a autre chose à faire aujourd'hui que d'acheter des rentes, qu'on n'a pas tous les jours la bonne fortune d'écouler un titre de 50 millions sans le mettre sur le marché ; que la plus grande panique qu'on pût jeter dans les esprits, au début d'une crise, le moyen le plus certain de précipiter la chute de toutes les valeurs, et en conséquence d'élever encore le taux de l'intérêt, ce serait ce bruit sinistre se propageant, courant de bouche en bouche de la Bourse au passage de l'Opéra : La Banque est aux abois, la Banque vend ses rentes ! Cri presque aussi saisissant que celui de l'oraison funèbre : « Madame se meurt, Madame est morte !... »

D'ailleurs, ces rentes une fois vendues, ces nouvelles actions une fois émises en augmentation de capital comme secours à la situation, comme moyens de remplir ces caisses qui se vident, il faudra bien que les unes et les autres se substituent à d'autres valeurs, que ces autres valeurs ainsi déclassées viennent chercher d'autres preneurs, absorbent d'autres écus. On aura ainsi échangé des valeurs, échangé des situations ; mais au chiffre du numéraire, rien n'aura été ajouté. En temps de grandes exportations de numéraire, quand elles doivent se prolonger, les caisses d'une banque sont le tonneau des filles de Danaüs. Que faut-il de plus pour nous en convaincre, que ces millions d'or achetés par centaines en Angleterre, et qui disparaissent aussitôt qu'arrivés ?

Si, en conformité du système que l'on recommande, les banques de dépôt et de circulation ne doivent faire leurs affaires et faciliter celles du public qu'en engageant un grand capital des deniers de leurs actionnaires, il faut songer à rabattre beaucoup de l'importance de leur rôle dans la création de la richesse publique. Ce capital, qui livré à l'escompte en temps normal, ne leur donnera qu'un intérêt de 4 0/0, et encore, à la condition que l'activité des opérations le tiendra constamment en dehors de leurs caisses, ne saurait être nulle part moins fécond ; sous quelque forme qu'il trouve directement, et sans l'intermédiaire de la Banque, un emploi commercial, cet emploi, plus régulièrement actif, sera plus fructueux à la fois pour le capitaliste et la société tout entière. Les banques n'ont pas été instituées pour prendre, mais pour donner ; il faut qu'elles produisent sans coûter d'entretien. Elles sont destinées à rassembler toutes ces sommes, grandes ou petites, qui restent çà et là, un certain nombre de jours, inertes, improductives, dans l'attente d'un prochain emploi, inertie le plus souvent volontaire et calculée de la part de leur possesseur ; pour lui peu dommageable, parce qu'elle n'est jamais longtemps prolongée, mais dommageable au point de vue général ; car certainement, là ou là, il se trouve en même temps un emprunteur dans le besoin qui ne demande qu'à les faire circuler. La Banque les prend sans intérêt ou avec un intérêt minime, les prête à plusieurs mois de terme ; elle ne s'inquiète en aucune façon de la nécessité probable de les rembourser dans peu de jours à leur dépositaire, assurée qu'elle est que d'autres de même nature viendront les remplacer. L'affluent entretient le déversoir. C'est déjà un fonds considérable que ces dépôts à la Banque de France souvent au delà de 200 millions, et de 300 à la Banque d'Angleterre. Ce n'est pas tout : si le consommateur a besoin d'un argent de poche, le commerçant, de son côté, pour acheter, a besoin d'un argent de caisse, lequel sous forme d'espèces il trouverait fort incommode à manœuvrer ; la Banque lui échange ces espèces contre des billets qu'elle émet en vertu d'un privilége ; la confiance publique accepte ces billets, leur sachant, dans le portefeuille de la Banqne, un gage bien assuré. Second renfort métallique qui n'a coûté quoi que ce soit au public et aux actionnaires.

La fonction de ces billets s'étend plus loin : là, ils ont été donnés en contre-partie de monnaies d'or ou d'argent contre lesquelles, à volonté, de nouveau on les échangera; mais surviennent des circonstances où le capital monnaie, momentanément, pour des emplois intérieurs, se trouve insuffisant ; on entrevoit qu'une fois cette éventualité passée, le supplément dont on ferait la dépense deviendra surabondant ; ces besoins étant *passagers, de courte durée, purement commerciaux, pour usages purement mobiliers ; étant écartées, toutes manufactures à construire, toutes dépenses improductives, toutes vieilles dettes à solder,* s'il ne s'agit que de récoltes à faire passer des mains du cultivateur à celles du manufacturier, des mains du consignataire à celles du commerçant, et à certaines saisons, pourquoi engagerait à longue année, sous la forme de pièces d'or ou d'argent, une certaine portion de capital ailleurs plus utile? Pourquoi ne pas émettre à cette destination un billet qui, après une circulation éphémère, revenant lui-même acquitter la dette dont il avait été le sujet, neutralisera ainsi l'effet de son émission, voiture qui, remisée lorsqu'elle n'a plus rien à faire circuler, n'encombre pas la voie ? Voilà tout le matériel des banques, voilà avec quelle économie il le faut constituer si on veut tirer de ces institutions le meilleur parti possible. Demandez-leur un capital versé, à titre de cautionnement, de garantie de leur bonne gestion, la **prudence le conseille** ; mais alors ne les contraignez pas de le verser dans leurs caisses, qui n'en ont pas besoin ; laissez-les le prêter à l'État, comme la Banque d'Angleterre ; le mettre en rentes, comme la Banque de France. N'allez pas les obliger à constituer chez elles un fonds mort, après les avoir chargées du soin de rendre à la vie ceux qui reposent épars dans les caisses des commerçants.

En ce qui touche cette question d'un surcroît de capital que nous croyons surperflu aux opérations de la Banque de France, nous ferons cependant une réserve : la Banque de France a de nombreux comptoirs ; chaque année, et dans des vues de bien public et au profit de nos départements, elle en institue de nouveaux. De grands comptoirs comme Bordeaux, Lyon, Marseille, le Havre, Lille, Rouen, fournissent, par l'ampleur de leur circulation, de leurs comptes courants, au delà du capital nécessaire à l'entretien de leurs escomptes ; d'autres, plus nombreux, où il n'y a point de grand négoce, de ventes et reventes de commerçant à commerçant, de capitaux en réserve en quête d'opérations à traiter, seront toujours plus ou moins à la charge de l'établissement central. Ils sont éminemment utiles à la localité qui les possède, à la bonne assiette de la circulation métallique, dont ils fixent autour d'eux une certaine atmosphère tantôt lui donnant, tantôt lui reprenant ; épargnant ainsi ces envois d'espèces en va-et-vient qui autrefois chargeaient les voitures publiques ; ils effacent les changes de place en place, régularisent et modèrent le taux de l'intérêt. S'ils ne sauraient constituer dans leur rayon une circulation un peu importante de leurs propres billets, ils sont indispensables à la grande circulation des billets de Paris ; toujours prêts à les rembourser, ils en ont fait partout en province la monnaie la plus en usage aujourd'hui pour les grands paiements. La Banque probablement ira les multipliant ; ce sont des rouages secondaires, petits si l'on veut, mais trop essentiels au système d'ensemble pour qu'elle en reste là. C'est alors, mais seulement alors, qu'elle aura à examiner quel accroissement cela nécessite dans son capital.

Toutefois, qu'on se garde de tout éblouissement à l'aspect de cette richesse qui se fait avec du papier ; qu'on ne vienne pas la proposer, ainsi que nous l'entendons faire, comme remède à la situation ; qu'on n'excite pas à une émission de billets de 20 francs, laquelle, bien certainement, fournirait à l'exportation plusieurs cent millions de numéraire, mais ne les fournirait pas deux fois ; laquelle, après avoir réduit la circulation métallique à l'état de petite monnaie, mettrait la Banque en présence de petites créanciers, de créanciers de 20 francs, dans les jours difficiles, les plus trembleurs, les plus compromettants de tous. *Des billets de 20 francs.*

En présence de l'exportation persévérante du numéraire, quelques-uns ont parlé du *cours forcé ;* mais à la quiétude avec laquelle ils envisageaient cet avenir, l'on peut juger que, séduits par le bonheur avec lequel cette épreuve périlleuse a été traversée et la facilité avec laquelle on en est sorti en 1850, ils ne se rendaient pas un compte suffisant de la différence des deux situations. *Du cours forcé.*

Le cours forcé de 1848 a été, il est vrai, sans dommages ; de sages précautions avaient entouré cette mesure ; elles ne se sentaient pas des aberrations de l'époque, il faut en honorer ceux qui les avaient présentées. Mais, en 1848 et 1849, nous étions des acheteurs très-froids en même temps que des vendeurs très-pressés de réaliser. Le chiffre de nos exportations dépassait alors de 300 millions de francs le chiffre de nos importations ; en 1854, la différence n'est plus environ que de 100 millions : donc, 200 millions de moins à recevoir de l'étranger. En 1850, nous vendions pour 74 millions de blés ;

en 1854, nous en avons acheté pour 127 millions. Nous n'avons pas la prétention de priser plus qu'il ne vaut ce surcroît d'exportations d'alors, nous nous gardons bien d'en conclure le bien-être et la richesse du pays ; mais nous avons voulu expliquer comment, à défaut de retours en marchandises, les espèces devaient affluer, sans oublier une source que le tableau des douanes ne saurait indiquer : nos valeurs publiques avilies que les capitaux du dehors venaient nous acheter.

Ainsi les encaisses de la Banque allaient toujours grossissant ; ainsi la Banque se vit-elle bientôt dans la singulière nécessité, en plein cours forcé, d'imposer des écus à ceux qui lui demandaient des billets. Le chiffre de ces encaisses, qui n'était, en décembre dernier, que de 210 millions, s'éleva, en décembre 1850, à 470, pour, en octobre 1851—moins d'un an après,— s'élever à 626. Quelle naturelle et facile transition du régime des billets au régime des espèces ! Retrouve-t-on deux fois une issue aussi bien ménagée ? Qu'on y réfléchisse ! ce que négligent ceux qui proposent le *cours forcé;* expédient bien simple et bien commode au moment où on y a recours, mais accompagné de bien des hésitations, de bien des obstacles, de bien des souffrances, quand, après un usage prolongé du signe, on veut rentrer dans la chose signifiée, quitter le simulacre pour la vérité ; quand, le plus souvent, il faut pour cela déprécier toute une échelle de valeurs. Rappelons-nous la vivacité des débats, des récriminations en Angleterre, sur le retrait des petites coupures, le resserrement de la circulation, la ruine des classes agricoles, après la *reprise des paiements,* votée en 1819. Ces doléances ont duré dix ans et plus ; de temps à autres, les échos affaiblis en viennent encore à nos oreilles. Le cours forcé de 1848 ne saurait point offrir de semblables enseignements ; d'ailleurs, plus nominal que sérieux, il a été trop passager pour marquer sa trace.

Espérons que la Banque de France, qui, avec le sentiment d'avoir porté à la situation tous les secours en sa puissance, s'est probablement moins émue que nous des reproches de ses adversaires, nous sauvera, par sa prévoyance et sa résolution, de ce moyen extrême ; que nos armées, nos importations de grains, notre commerce intérieur, continueront d'en recevoir les subsides nécessaires ; sollicitude qui nous touche beaucoup plus, quant à nous, que celle de voir alimenter, des capitaux de la France, les chemins de fer de l'Espagne et même son *crédit mobilier*.

De la Production et du Mouvement des Métaux précieux.

La situation actuelle n'a rien à reprocher aux métaux précieux ; ils n'ont point amené ses embarras; très-probablement ils suffiront à les résoudre ; il n'en faut donc parler que pour constater leur action salutaire, et la constater par des chiffres, citations dont, jusqu'alors, nous avions tâché d'être sobre, mais qui bien malgré nous hérisseront ce chapitre.

Dans d'autres circonstances, l'abondance de leurs extractions aurait pu déranger l'économie générale des prix, réduire quelques aisances, provoquer momentanément quelques illusions, exagérer les affaires commerciales — et nous ne parlons ici que des inconvénients de leur multiplication, sans vouloir rien ôter au caractère supérieur de ses avantages. — Dans les circonstances actuelles, cette abondance n'a été que bienfaisante, et en fait d'actions de grâce à leur rendre, il n'y a pas à compter.

Les extractions aurifères de la Californie ont commencé en 1849 ; elles ont fourni à l'exportation officielle :

  En 1851.... 34,492,000 dollars.
   1852.... 45,779,000 —
   1853.... 53,906,956 —
   1854.... 51,506,132 —

Le chiffre des neuf premiers mois de 1855 était de 32,414,740 dollars. On explique l'infériorité apparente de

4

cette dernière année par le discrédit des banques locales qui font le commerce de la poudre aurifère, et la crainte qui en a retenu une certaine portion aux mains des extracteurs. En dehors de ce chiffre officiel, il faudrait, pour être dans le vrai, tenir compte de ce qui se porte directement en Chine, à Manille, à Calcutta, à Valparaiso, dans les îles et sur les côtes de la mer Pacifique, etc., et ce qui reste dans le pays pour le monnayage local. Du 3 avril au 30 juillet 1854, la Monnaie, à San-Francisco avait frappé 9,146,693 dollars, — quantités diverses que l'on estime généralement de 10 à 12 millions de dollars.

Ces richesses de la Californie, portées en grande partie aux États-Unis, leur ont permis d'envoyer en Europe :

(Années financières commençant avec le 30 juin).

En 1851	29,000,000 dollars.
1852	42,600,000
1853	27,400,000
1854	41,400,000

Dans les dix mois qui avaient commencé en juin 1854 pour finir en avril 1855, l'exportation de New-York s'élevait seule à 28,800,000 dollars.

Production de la Californie et de l'Australie.

Nous croyons donc qu'en prenant le chiffre de 300 millions de francs pour la Californie ; de 300 millions de francs pour l'Australie, qui, en 1852, avait fourni une valeur de 14,163,364 livres sterling, en 1853, une valeur de 11,588,878, nous estimons sainement la production annuelle de ces deux sources, à laquelle, avant la guerre, venait encore se joindre l'or de la Russie.

Monnaie d'or.

Déjà, de 1848 à 1853, il avait été frappé dans les ateliers monétaires des grands pays d'Europe et d'Amérique, 2 milliards 350 millions d'or, qu'il faut réduire à 2 milliards d'or nouveau, pour être exact et tenir compte de monnaies anciennes refondues.

En 1854, seule, la Monnaie de Paris a frappé 502 millions en pièces d'or ; en 1855, 402,500,000 fr., sans parler de l'argent, lequel compte, à l'heure qu'il est, pour bien peu de choses dans sa fabrication : pour les deux années réunies, il ne dépasse pas 25 millions.

C'est en Angleterre que débarquent les métaux précieux or et argent, pour de là se distribuer sur le reste du globe.

L'Angleterre a reçu, en 1854, d'Australie ou des États-Unis, 550 millions d'or, et 500 millions environ en 1855.

Suivant les relevés des chargements pris en douane ou dans les ports, ses exportations d'or s'élèvent :

En 1854, à 600 millions,

En 1855, à 450

On peut juger de ce qui a été exporté de France, or et argent, en remarquant qu'entre l'encaisse de la Banque de septembre 1854 et celui de septembre 1855 il y a déjà une diminution de 210 millions ; et postérieurement, qu'entre l'encaisse de septembre 1855 et celui de janvier 1856, il y a une autre décroissance de 89 millions, malgré 250 millions et plus, or et argent, que la Banque a achetés depuis quatre mois sur diverses places de l'Europe, essayant de combler ainsi ce gouffre qui va tous les jours s'approfondissant.

L'argent a sa part dans ces exportations, soit sous forme de monnaies dont aiment à user nos voisins au delà des Alpes et nos voisins au delà des Pyrénées, sans oublier les Arabes nos vendeurs ; soit sous forme de lingots dans lesquels viennent à Paris se résoudre nos pièces de 5 francs.

Relation entre les deux métaux, or et argent.

Le creuset de nos affineurs en aurait, assure-t-on, fondu, dans l'année qui vient de finir, pour plus de 80 millions.

La relation entre la production de l'or et la production de l'argent ayant été profondément modifiée par les extractions de l'Australie et de la Californie, la récolte de l'un équivalant aujourd'hui à quatre fois la récolte de l'autre, il s'en est nécessairement suivi pour les pays où, comme en France, les deux métaux partagent à droit égal l'office de monnaie, une modification dans leur valeur respective.

Il y a eu revirement dans la prime : de l'or elle est passée à l'argent, plus ou moins élevée suivant que les pays, comme l'Inde et la Chine, où l'argent est la seule monnaie, manifestaient des besoins plus ou moins grands. Notre large circulation, qui, il y a quelques années encore, ne comptait guère que de l'argent, y a facilement pourvu ; elle est en mesure d'y pourvoir encore ; elle a encore de l'argent à céder contre de l'or. Incorporé qu'il lui était, cet argent ne comptait pas jusqu'alors sur les marchés du monde ; redevenu libre, il s'y montre aujourd'hui et pèse dans la balance des valeurs comme il ferait au sortir d'extractions nouvelles ; il prolonge ainsi pour un certain temps l'équilibre qu'auraient rompu l'Australie et la Californie ; il modère l'essor de la prime.

Exportation de l'argent.

Mais de jour en jour l'approvisionnement diminuant, l'effet ira en s'affaiblissant. En 1855, l'Inde et la Chine ont appelé, par l'intermédiaire du commerce anglais, 160 millions d'argent.

S'ils continuent leurs appels, si le mouvement de retour qui, à dater de 1821, ramena l'argent à son point de départ,

De la nécessité de réviser le rapport légal de l'or et de l'argent.

tarde longtemps à se manifester, les yeux du public commenceront alors à être frappés de ce qui jusqu'alors n'avait été perceptible et intéressant qu'aux yeux de l'homme d'affaires, changeur, affineur ou banquier. Pour quelques usages rares et exceptionnels, on achetait autrefois des pièces d'or ; pour les usages les plus familiers, les plus répétés, d'où les plus importants, on sera obligé d'acheter des sacs de monnaie ; et quelle complication dans les transactions, que cette prime qui, le sac une fois délié, viendrait s'ajouter à la valeur de chaque pièce !

On se demande donc pourquoi nous continuerions de vendre ainsi à bon marché un métal qu'il nous faudra plus tard chèrement, là ou là, racheter ; un métal qui est et sera toujours indispensable à notre circulation, avec nos très-nombreux et très-petits consommateurs, nos consommations aussi variées que multiples? La monnaie est un instrument qu'il faut proportionner aux mains qui le manient ; elle doit conserver le caractère de nos fortunes, être comme elles, moyenne, petite et divisée. On fera, dit-on, en or les pièces de 5 francs ; elles ne seront que médiocrement goûtées de ceux qui, malheureusement en trop grand nombre, n'en ont jamais assez à la fois pour les sentir incommodes ; leur peu de volume sera pour ceux-là, une préoccupation, une occasion de les égarer ; d'ailleurs l'or ne saurait se prêter à des fractions plus minimes, dont la rareté devient chaque jour plus sensible.

Les États-Unis, se voyant enlever chaque jour leur monnaie d'argent, à mesure qu'ils en multipliaient chez eux la fabrication, après s'être servis longtemps de celle des autres ; obligés constamment de renouveler leur approvisionnement en payant plus cher la matière première qu'ils ne vendaient la matière fabriquée, se sont décidés à en abaisser le titre. Dans la pondération des deux métaux, ils donnaient précédemment 15,988 parties d'argent contre une partie d'or ; aujourd'hui ils ne donnent plus que 14,884, et s'applaudissent de cette réduction de 7 0/0 qui leur conserve intacte leur circulation.

En France, notre rapport légal est de 1 à 15,499 ; en Angleterre, où l'argent, tenu pour secondaire, n'est valable dans un paiement que jusqu'à concurrence de 50 francs, le rapport est de 1 à 14,288.

Nous citons ici le fait des États-Unis, simplement pour rappeler qu'il y a là une question à résoudre ; on l'a ajournée, mais, pour cela, elle n'en est pas moins en instance. Toutefois nous entendons dire que les millions d'argent qui comptaient, dans les encaisses de la Banque de France, en 1853, pour 190 contre 109 d'or, et qui, en 1854, se réduisaient à 183 contre 180, comptent aujourd'hui pour les deux tiers dans l'ensemble. Oui, mais qu'on ne perde pas de vue qu'il y a là beaucoup d'argent acheté récemment au dehors, acheté à Hambourg et très-chèrement payé.

De la Lèpre du Lucre.

Chaque époque a ses tendances, ses passions, ses excès ; rarement le mal est partout en même temps, rarement il embrasse toutes les couches sociales à la fois ; il va successivement de l'une à l'autre, procédant bien souvent du sommet à la base. Ainsi ont marché l'incrédulité politique et l'incrédulité religieuse, préparant aux classes élevées des regrets tardifs, des regrets superflus, et devant prolonger la peine de leurs égarements bien au delà de leur repentir.

Le mal du jour—l'ardeur du lucre,—n'a pas eu ces mêmes phases, ces transmissions successives, toujours en descendant d'un degré ; l'incendie est partout, partout à tous les étages ; dans l'antichambre comme dans le salon, chez l'artisan comme chez le grand seigneur ; il s'est révélé partout en même temps.

Bacon a dit : « Dans la jeunesse des États, la gloire des armes doit prédominer ; plus tard, viennent les arts et les sciences qui s'associent à leur prestige ; arrive, au déclin et avec lui, le règne de la marchandise et des machines. »

Machines.... Marchandise,.... si nous n'en étions que là !.... Colbert faisait sa principale préoccupation du commerce et des manufactures à développer, et c'était pourtant la glorieuse époque.

Non, la grandeur morale des États ne repousse pas l'activité industrielle ; non, elle ne refuse pas, quoi qu'en dise

Bacon, de légitimer la richesse, même somptueuse, même rapide, quand elle est née du travail. Ce dont elle ne veut pas à ses côtés, ce dont elle ne s'accommodera jamais, et ce qu'il ne faut pas confondre avec l'ambition du commerçant et du manufacturier, ce sont ces soifs, ces ardeurs renouvelées de la Régence, de l'hôtel de Nevers, de la rue Quincampoix; ce sont ces manières sans façon, ces allures dégagées avec lesquelles elles se produisent au grand jour ; rencontrant bien çà et là sur leur passage quelques traits malins, quelques révélations piquantes, mais ne se décourageant pas pour si peu, et espérant bien de faire tôt ou tard autant de complices de tous leurs indulgents.

Ce mal, qui aurait pu rester à Paris, autour du foyer qui l'alimente, qui, autrefois, sans journaux et sans télégraphe, s'y serait concentré, parcourt nos provinces les plus modestes, leur soufflant des impatiences de fortune jusqu'alors inconnues. Ce n'est plus le petit commerçant, le propriétaire gêné, ce n'est plus le banquier, le notaire de l'endroit, leurs intermédiaires habituels, qui reçoivent nos épargnes. Demandez à ce notaire, à ce banquier, — et le leur demandez partout — où va cet argent qui ne leur vient plus! Ils seront unanimes : à Paris, à la Bourse, à l'agent de change, au courtier marron. C'est ainsi que nous appauvrissons, que nous asséchons le milieu où nous vivons au lieu de le féconder ; c'est ainsi qu'au lieu de drainer nos terres, nous drainons nos ressources. L'eau reste, et le capital s'en va.

Qu'importe, il nous faut des *actions* : sans *actions*, point d'accroissement de revenus, point d'accroissement de *capital*. La Bourse de Paris ne nous en laissera pas manquer (1).

____

(1) En semblables occasions il y a des dévouements qui n'ont point de bornes. x, y, z, m, n, o, exploitent ensemble et par eux-mêmes une affaire qui languit — sans doute parce que l'intérêt individuel n'est pas aussi

Une affaire n'attend pas l'autre , au besoin on va les chercher en pays étrangers — emploi patriotique de nos ressources — et puis les fusions, les entreprises rachetées sont là ; nouvelle organisation donnée à l'industrie, qui la reprend aux mains multiples qui l'exerçaient, pour la remettre à un très-petit nombre de mains qui ne l'exerceront pas, Elles exploiteront *les actions* ; que leur faut-il de plus? A chacun sa spécialité.

Grâce à ce nouveau système, il n'y aura bientôt plus une seule industrie, même des plus modestes, de celles où le savoir faire de l'individu joue un rôle non moins grand que la mise du *capital*, qui échappe à la convoitise des entrepreneurs de fusion. Bientôt, faisant abnégation du développement de nos facultés physiques et intellectuelles, du parti que nous aurions pu en tirer à notre profit, si on nous avait laissé grandir chacun dans notre profession , au profit de la société qui aurait eu en nous des hommes et non des machines , au profit de la dignité humaine , nous ne serons plus qu'une collection d'outils au service de messieurs tels et tels : puis essayez, petits concurrents, de regimber contre ce nouveau servage ; les millions sont là pour vous écraser.

Où es-tu, Paul Courier, qui, de ton temps, applaudissais de si bon cœur à la bande noire ; Paul Courier, qui, dans ton culte exagéré de la petite propriété, n'aurait pas craint de morceller Chambord? que dirais-tu de ce vaste champ de l'industrie où chacun, de ton temps, avait son morceau, qu'il cultivait à sa

---

vigilant que l'intérêt collectif — Le public la réclame : mise en actions et à un gros capital, elle fera sa fortune. — Le public ne veut plus aujourd'hui que de gros chiffres. — Généreusement x, y, z, m, n, o, la lui cèdent ; c'est x, y et z qui, administrateurs de la nouvelle Société ont charge d'en débattre le prix avec x, y, z, m, n, o. Ce prix ne saurait manquer d'être sérieusement débattu, et les intérêts de la nouvelle Société chaudement défendus, car elle a de plus *un conseil de surveillance* qui y aura l'œil, et que, pour rendre efficace, elle a composé de m, n et o.

guise, à son profit ; morceaux qu'une bande noire, au rebours de la tienne, s'efforce aujourd'hui de rassembler et de constituer en majorats ?

Et toi, féodalité, à laquelle on a tant fait la guerre, méritais-tu de pareils parodistes ? Toi, du moins, si parfois ton joug fut rude aux vilains, c'était sur de plus nobles champs de bataille que tu avais conquis, à leurs yeux, le droit de leur commander. Tes redevances, il est vrai, allaient atteindre le mercier imprudent qui, avec charrette ou ballots, cotoyait de trop près le territoire de ta puissance ; heureux, aujourd'hui, quand on en est quitte pour le *compte à demi*.

Nous n'avons point hésité à signaler les écarts de la Bourse au nombre des éléments qui ont resserré le crédit. Dire ce qu'elle a fait en face des grandes préoccupations qui absorbaient l'Europe dans des circonstances où la prudence la plus vulgaire conseillait de s'abstenir ou, au moins, de se modérer, c'est donner à prévoir ce qu'elle ferait, l'avalanche d'entreprises dont elle écraserait la place, la paix arrivant. La crise de la paix serait, si on n'y prenait garde, plus dangereuse que la crise de la guerre.

Tout en faisant pour cette paix, du reste si bienfaisante, les vœux les plus sincères, sachons gré à la guerre d'avoir, en passant, retrempé nos âmes ; rendons grâces à l'héroïsme de nos soldats, qui couvre un moment de son éclat la lèpre honteuse qui nous dévore. Le 29 décembre, quand nous rentrions le cœur tout ému du spectacle de ces légions décimées, des applaudissements frénétiques dont l'honneur français saluait leur retour, avec quelle joie nous nous sentions dans une autre sphère, bien loin alors de la Bourse, de ses manœuvres, de ses désordres ; bien heureux de les avoir oubliés.

PAR S. — IMPRIMERIE CENTRALE DE NAPOLÉON CHAIX ET Cⁱᵉ, RUE BERGÈRE, 20. — 566.